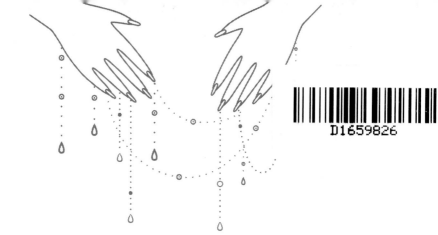

Je colorie et interprète mon tarot

CE CAHIER APPARTIENT À

. . . .

Conseils d'utilisations

Dans un environnement calme et détendu, avant de débuter votre coloriage, une petite méditation est conseillée.

Eveillez votre énergie spirituelle, en inspirant et expirant lentement, afin de déconnecter votre mental.

Une fois, que vous êtes apaisé(e) et relié(e) à votre intuition.

Observez sans jugement la carte puis débutez votre coloriage aux crayons de couleur.

Le crayon de couleur vous permettra, de superposer les couleurs entre elles, afin d'augmenter leurs vibrations.

Une fois, votre coloriage terminé, remplissez la page de gauche avec votre propre interprétation. Faites confiance à vos ressentis !

Colorier et interpréter votre tarot, vous aidera à mieux connaître vos ressentis.

Nous avons tous notre propre interprétation et notre propre cheminement dans notre spiritualité.

Vive la magie, vive la créativité !

Nom de la carte

Mon Ressenti et mes premières impressions :

_____
_____
_____
_____

Mon Interprétation de l'arcane :

_____
_____
_____
_____
_____
_____
_____
_____
_____
_____

Les Mots que j'entends

✯ _____
✯ _____
✯ _____
✯ _____

Nom de la carte

Mon Ressenti et mes premières impressions :

_____
_____
_____
_____

Mon Interprétation de l'arcane :

_____
_____
_____
_____
_____
_____
_____
_____
_____
_____

Les Mots que j'entends

✯ _____
✯ _____
✯ _____
✯ _____

Nom de la carte

Mon Ressenti et mes premières impressions :

_____
_____
_____
_____

Mon Interprétation de l'arcane :

_____
_____
_____
_____
_____
_____
_____
_____
_____
_____

Les Mots que j'entends

✵ _____
✵ _____
✵ _____
✵ _____

Nom de la carte

Mon Ressenti et mes premières impressions :

_____
_____
_____
_____

Mon Interprétation de l'arcane :

_____
_____
_____
_____
_____
_____
_____
_____
_____
_____

Les Mots que j'entends

✯ _____
✯ _____
✯ _____
✯ _____

 # Nom de la carte

Mon Ressenti et mes premières impressions :

_____
_____
_____
_____

Mon Interprétation de l'arcane :

_____
_____
_____
_____
_____
_____
_____
_____
_____
_____
_____

Les Mots que j'entends

✯ _____
✯ _____
✯ _____
✯ _____

Nom de la carte

Mon Ressenti et mes premières impressions :

_____
_____
_____
_____

Mon Interprétation de l'arcane :

_____
_____
_____
_____
_____
_____
_____
_____
_____
_____

Les Mots que j'entends

✫ _____
✫ _____
✫ _____
✫ _____

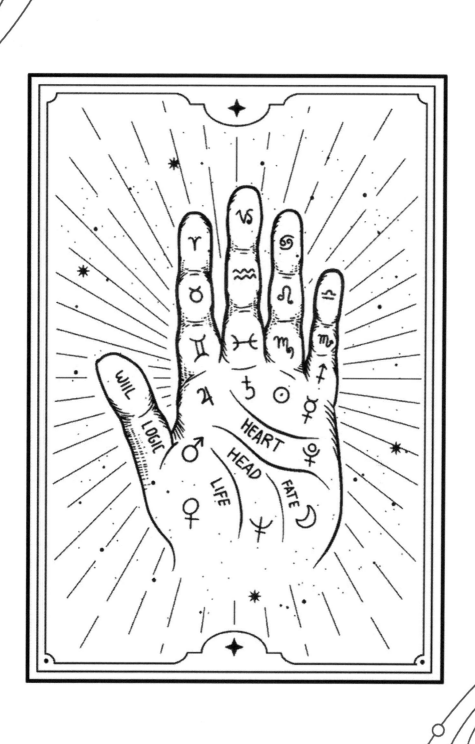

Nom de la carte

Mon Ressenti et mes premières impressions :

_____
_____
_____
_____

Mon Interprétation de l'arcane :

_____
_____
_____
_____
_____
_____
_____
_____
_____

Les Mots que j'entends

✯ _____
✯ _____
✯ _____
✯ _____

Nom de la carte

Mon Ressenti et mes premières impressions :

Mon Interprétation de l'arcane :

Les Mots que j'entends

✯
✯
✯
✯

Nom de la carte

Mon Ressenti et mes premières impressions :

_____
_____
_____
_____

Mon Interprétation de l'arcane :

_____
_____
_____
_____
_____
_____
_____
_____
_____
_____

Les Mots que j'entends

✯ _____
✯ _____
✯ _____
✯ _____

Nom de la carte

Mon Ressenti et mes premières impressions :

_____
_____
_____
_____

Mon Interprétation de l'arcane :

_____
_____
_____
_____
_____
_____
_____
_____
_____

Les Mots que j'entends

✫ _____
✫ _____
✫ _____
✫ _____

Nom de la carte

Mon Ressenti et mes premières impressions :

_____
_____
_____
_____

Mon Interprétation de l'arcane :

_____
_____
_____
_____
_____
_____
_____
_____
_____
_____

Les Mots que j'entends

✬ _____
✬ _____
✬ _____
✬ _____

Nom de la carte

Mon Ressenti et mes premières impressions :

_____
_____
_____
_____

Mon Interprétation de l'arcane :

_____
_____
_____
_____
_____
_____
_____
_____
_____

Les Mots que j'entends

✯ _____
✯ _____
✯ _____
✯ _____

Nom de la carte

Mon Ressenti et mes premières impressions :

_____
_____
_____

Mon Interprétation de l'arcane :

_____
_____
_____
_____
_____
_____
_____
_____
_____

Les Mots que j'entends

✭ _____
✭ _____
✭ _____
✭ _____

Nom de la carte

Mon Ressenti et mes premières impressions :

_____
_____
_____

Mon Interprétation de l'arcane :

_____
_____
_____
_____
_____
_____
_____
_____

Les Mots que j'entends

✦ _____
✦ _____
✦ _____
✦ _____

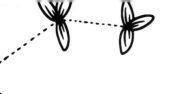

 # Nom de la carte

Mon Ressenti et mes premières impressions :

_____
_____
_____
_____

Mon Interprétation de l'arcane :

_____
_____
_____
_____
_____
_____
_____
_____
_____
_____

Les Mots que j'entends

✯ _____
✯ _____
✯ _____
✯ _____

Nom de la carte

Mon Ressenti et mes premières impressions :

_____
_____
_____
_____

Mon Interprétation de l'arcane :

_____
_____
_____
_____
_____
_____
_____
_____
_____

Les Mots que j'entends

✯ _____
✯ _____
✯ _____
✯ _____

 # Nom de la carte

Mon Ressenti et mes premières impressions :

_____
_____
_____
_____

Mon Interprétation de l'arcane :

_____
_____
_____
_____
_____
_____
_____
_____
_____

Les Mots que j'entends

✯ _____
✯ _____
✯ _____
✯ _____

Nom de la carte

Mon Ressenti et mes premières impressions :

_____
_____
_____
_____

Mon Interprétation de l'arcane :

_____
_____
_____
_____
_____
_____
_____
_____
_____
_____

Les Mots que j'entends

✯ _____
✯ _____
✯ _____
✯ _____

Nom de la carte

Mon Ressenti et mes premières impressions :

_____
_____
_____
_____

Mon Interprétation de l'arcane :

_____
_____
_____
_____
_____
_____
_____
_____
_____

Les Mots que j'entends

✫ _____
✫ _____
✫ _____
✫ _____

 **Nom de la carte**

Mon Ressenti et mes premières impressions :

Mon Interprétation de l'arcane :

Les Mots que j'entends

✯
✯
✯
✯

Printed in France by Amazon
Brétigny-sur-Orge, FR